REVUE

DE

SYNTHÈSE HISTORIQUE

DIRECTEUR : HENRI BERR

TOME QUARANTE-DEUXIÈME

(Nouvelle Série. — Tome XVI)

DÉCEMBRE 1926

PARIS
LA RENAISSANCE DU LIVRE
78, BOULEVARD SAINT-MICHEL (VIe)

1926

QUELQUES REMARQUES SUR LA PHILOSOPHIE DE L'HISTOIRE DE COURNOT

Lorsqu'en 1872 Cournot publia ses *Considérations sur la marche des idées et des événements dans les temps modernes*, ce remarquable ouvrage attira-t-il bien vivement l'attention des historiens? Sans avoir fait des recherches à ce sujet, nous croyons pouvoir répondre par la négative. C'était l'époque où, par réaction contre l' « éloquence ». superficielle des historiens académiques, et sous l'influence de la science allemande, l'érudition commençait à être en honneur ; on faisait bon marché des généralisations, que l'on considérait comme prématurées. Réaction et influence bienfaisantes, car ainsi allait se préparer la belle floraison de l'école historique française.

Cependant, les méditations de Cournot n'allaient pas contre le courant des tendances nouvelles; elles en étaient comme la traduction philosophique. La « philosophie de l'histoire » semblait discréditée; elle était considérée assez justement comme contraire à l'esprit scientifique. Mais, si Cournot prétend en tenter un nouvel essai, c'est qu'il l'entend d'une façon assez originale ; son ouvrage ne sera pas une réédition des dissertations sophistiques d'un Cousin ; il se propose de faire, non de la métaphysique plus ou moins nuageuse, mais de la *critique* [1]. Il n'a nullement l'intention, comme on l'a essayé tant de fois, de découvrir des lois, mais de soumettre à la réflexion philosophique les données de l'histoire, de tenter avec elles les mêmes

1. Sur la philosophie de l'histoire, *cf.* FLINT, *La philosophie de l'histoire en France* et *La philosophie de l'histoire en Allemagne*, trad. fr., Paris, 1878.

démarches qu'a pratiquées la philosophie des sciences avec les données des sciences de la nature [1].

I

Cependant, Cournot, bien avant d'écrire ses *Considérations sur la marche des idées et des événements*, avait médité sur les questions qui font l'objet de cet ouvrage. Aussi peut-on se représenter la genèse de ses idées sur l'histoire. Le point de départ, ce sont ses études sur la théorie des chances et des probabilités, ainsi que ses recherches sur la statistique.

Il établit que la statistique est « la science qui a pour objet de recueillir et de coordonner des faits nombreux dans chaque espèce, de manière à obtenir des rapports numériques sensiblement indépendants des anomalies du hasard, et qui dénotent l'existence des causes régulières, dont l'action s'est combinée avec celle des causes fortuites ». Ainsi, on en arrive à distinguer nettement, d'une part, les causes régulières, permanentes, et, de l'autre, les causes accidentelles, fortuites [2]. La statistique, en un mot, fait abstraction des phénomènes accidentels, considère les faits généraux, dégagés de leur succession chronologique, et elle s'applique aux faits sociaux, comme aux phénomènes naturels [3].

Dans l'économie politique, comme dans la statistique, déclare-t-il dans un autre traité [4], « il n'y a plus place pour les écarts de la fantaisie individuelle » ; les effets des causes irrégulières se compensent et finalement on se trouve en présence « des causes régulières permanentes, ou qui tiennent aux rapports essentiels des choses » [5]. Tout naturellement, Cournot en arrive à

1. Rappelons que toute l'œuvre de l'un des plus puissants esprits du XIXe siècle a été fort peu connue et fort peu appréciée de son vivant, surtout en France ; la philosophie éclectique régnait en souveraine, et il y avait une cloison étanche, ou, pour mieux dire, un profond fossé entre les sciences et la philosophie. Au contraire, depuis un demi-siècle, il est peu de philosophes qui aient exercé une aussi grande influence. Cf. *L'enchaînement des idées fondamentales*, nouvelle édition, 1912, préface de L. Lévy-Bruhl.

2. A. COURNOT, *Exposition de la théorie des chances et des probabilités*, Paris, 1843.

3. Voy. F. FAURE, *Les idées de Cournot sur la statistique* (*Revue de métaphysique et de morale*, année 1905, p. 395-411).

4. *Traité de l'enchaînement des idées fondamentales dans la science et dans l'histoire*, 1861, nouvelle édition, 1911, p. 536-537.

5. Voy. aussi A. AUPETIT, *L'œuvre économique de Cournot* (*Revue de métaphysique et de morale*, année 1905, p. 377-393).

concevoir que les faits situés dans le temps, les faits historiques, échappent en grande partie à l'emprise de la statistique.

Mais c'est seulement dans l'*Essai sur les fondements de nos connaissances*, qui date de 1851, que sa conception de l'histoire commence à se dégager fortement [1]. S'il y a des sciences, comme les mathématiques, qui ne tiennent pas compte du temps, beaucoup d'autres, comme la géologie, se meuvent dans l'histoire. Certaines sciences naturelles *descriptives* sont bien des sciences, car elles établissent des classifications. Mais il est beaucoup de faits naturels qui échappent à la science véritable ; ce sont ceux dont la raison est purement historique : ils constituent « l'histoire naturelle de la terre, du ciel, des plantes et des animaux ».

Cournot estime donc que l'histoire n'est pas une science, car elle n'est pas capable d'établir des formules scientifiques. On peut bien réduire à la forme scientifique « certaines branches des connaissances qui portent sur les détails de l'organisation des sociétés humaines », en tant que ces détails touchent à la statistique. Mais, pour l'histoire politique, ce n'est pas possible, car elle contient trop de faits accidentels, et elle est conditionnée par trop de forces individuelles. Une telle histoire ne peut formuler « des lois constantes et régulières ». Elle ne peut donc devenir une science, mais elle peut « avoir sa philosophie ». En effet « le sens philosophique démêle des causes de natures diverses, les unes permanentes, les autres accidentelles, et reconnaît les tendances qu'elles ont à se subordonner les unes aux autres, sans toutefois pouvoir donner à ses aperçus l'évidence démonstrative », et, en histoire, il n'y a pas de prévision possible [2].

L'histoire philosophique, comme la géographie physique, doit mettre en relief les faits dominants, véritables fils conducteurs qui donnent « la clé et la saine intelligence des faits en eux-mêmes » ; mais ces conceptions systématiques (et, dirions-nous, *explicatives*), pour Cournot, ne sauraient se confondre avec des théories vraiment scientifiques [3].

Cournot reprend cette conception dans son *Traité de l'enchaînement des idées fondamentales dans les sciences et dans*

1. Voy. la nouvelle édition, Paris, Hachette 1912.
2. *Essai sur le fondement de nos connaissances*, p. 468 et sq.
3. *Ibid*, p. 465.

l'histoire, qui date de 1861 [1]. En cet ouvrage, il montre aussi que la philosophie de l'histoire, qui a beaucoup d'analogie avec la philosophie des sciences, trouve sur son chemin, moins des lois que des « faits généraux, dominants », qui ont souvent pour origines des circonstances fortuites. Or, celles-ci nous échappent, et cependant leurs effets ne cessent de faire sentir, au cours des temps, leur influence persistante [2]. C'est la philosophie, plutôt que la science, qui peut nous permettre de saisir ces faits généraux, car la science doit faire abstraction des individus et des abstractions. Et Cournot, dans le même *Traité*, remarque encore que, dès que l'on étudie les sociétés humaines, c'est la donnée historique qui devient prédominante [3] :

« Aussi n'est-on entré dans l'étude philosophique des langues et de toutes les institutions religieuses, juridiques, politiques, par lesquelles se manifeste la vie des peuples, que quand l'école historique a prévalu sur les écoles des théoriciens ».

II

Cependant, c'est dans les *Considérations sur la marche des idées et des événements* qu'il faut surtout étudier la philosophie de l'histoire de Cournot. Voici les idées essentielles qui se dégagent de cette œuvre si originale [4].

En considérant les faits historiques, déclare Cournot, que remarquons-nous? C'est qu'ils sont « tantôt subordonnés les uns aux autres, tantôt indépendants les uns des autres ». Le rôle de la *critique* philosophique consistera à « démêler ici la subordination, là l'indépendance ».

Cette critique ne comportera pas de certitude scientifique à

1. Nouvelle édition, Paris, 1911.
2. *Traité de l'enchaînement*, p. 612-613.
3. *Ibid.*, p. 591-592. — L'histoire narrative, dit encore Cournot (*Ibid.*, p. 614) suit strictement l'ordre chronologique, « tandis que, pour saisir la subordination des grands traits de l'histoire et des traits secondaires ou des accidents de détail, il faut embrasser d'un coup d'œil des suites d'événements, qui se sont succédé dans le cours des siècles, par un procédé absolument inverse de celui qu'emploie l'histoire narrative ».
4. Sur la philosophie de l'histoire de Cournot, on lira avec profit Mentré, *Cournot et la renaissance du probabilisme*, et les articles suivants : Segond, *Les idées de Cournot sur l'histoire* (*Revue de Synthèse historique*, an. 1905, t. X, p. 1 et sq.); Ch. Bouglé, *Les rapports de l'histoire et de la science sociale d'après Cournot* (*Revue de métaphysique et de morale*, 1905, p. 349-376) ; G. Tarde, *L'accidentel et le rationnel en histoire* (*Ibid.*, p. 319-347) ; Milhaud, *Le hasard chez Aristote et chez Cournot* (*Ibid.*, nov. 1902).

proprement parler, car il ne peut y avoir de certitude que lorsqu'on peut aboutir à des *lois*. Son rôle « se bornera à faire valoir des analogies, des inductions du genre de celles dont la philosophie se contente ». Si des inductions sont possibles, il sera légitime de formuler des *hypothèses*, et ces hypothèses seront de nature à nous faire mieux comprendre la marche des idées, des événements, ainsi que leur enchaînement.

Remarquons que c'est sur le domaine purement scientifique que Cournot prétend se maintenir. Il ne se préoccupera, ni de la destinée de l'humanité, ni du but de la civilisation, car « cela dépasse l'ordre de nos idées, de nos observations et de nos raisonnements » ; c'est de la *téléologie* et non de l'*étiologie*. Il n'entend pas non plus, déclare-t-il, traiter l'histoire de la civilisation, qui a des rapports étroits avec l'histoire des sciences, et dont les progrès se font « à la manière des sciences et de l'industrie », car ils se manifestent « dans l'ensemble » et d'une façon assez continue [1].

Toutefois, ce sont les phénomènes touchant à l'histoire de la civilisation, dont il s'occupera le plus, puisque, pour chaque période, il consacrera des chapitres à l'histoire des sciences, de la philosophie, de la religion, et que les faits purement politiques, nous le verrons, seront relégués au second plan.

III

Tout l'effort de Cournot va porter, en somme, sur la discrimination des faits d'un caractère général, essentiel, et de ceux qui n'ont qu'un caractère particulier. Ainsi, en ce qui concerne la Révolution française, on distinguera « les causes générales, dont l'action se serait fait sentir, quand même on aurait pu prévenir ou réprimer en France la Révolution, et ce qui tient aux causes locales ou spéciales qui ont déterminé en France la Révolution »[2].

Ici, intervient sa conception du *hasard*, qui, dit-il, s'affirme partout, dans la nature comme dans la société. Qu'entend-il par hasard [3]?

1. *Considérations*, t. I, p. 14 et sq.
2. *Considérations*, Préface, t. I, p. 4.
3. *Ibid.*, t. I, p. 1 et sq.

« C'est l'indépendance mutuelle de plusieurs séries de causes et d'effets qui concourent *accidentellement* à produire tel phénomène, à amener telle rencontre, à déterminer tel événement, lequel, pour cette raison, est qualifié de fortuit ».

La véritable fonction de l'histoire, — et cela constitue son grand intérêt, — c'est de distinguer le nécessaire et le fortuit, l'essentiel et l'accidentel. Bien plus, si ces deux éléments ne coexistaient pas, il n'y aurait pas d'histoire du tout. Et Cournot donne l'exemple suivant : si les découvertes scientifiques se succédaient dans un ordre quelconque, on pourrait écrire leurs *annales*, mais non leur *histoire* ; mais, d'autre part, si elles se succédaient dans un ordre déterminé logiquement, une formule suffirait pour en rendre compte ; il n'y aurait pas d'histoire non plus.

Toutefois, on a pu se demander si le hasard n'est pas simplement une conception de notre esprit, sans fondement dans la réalité. Ce que nous appelons hasard n'est-il que l'effet de notre ignorance, de notre infirmité intellectuelle [1] ? Il est possible que les progrès de la science diminuent le contingent des faits que nous attribuons encore au hasard, mais, dans l'état de nos connaissances, bien des événements historiques paraissent procéder simplement d'un accident. M. Ch. Seignobos a pu dire que trois événements, qui ont exercé la plus grande influence sur l'évolution politique contemporaine, — les Révolutions de 1830 et de 1848, la guerre de 1870, — étaient de purs accidents [2]. Il est vrai, a-t-on été en droit de lui répondre, que ces événements ont pu être préparés eux-mêmes par toute une série de circonstances procédant de phénomènes d'un caractère permanent. C'est là une question difficile à débrouiller [3].

D'ailleurs, ces trois événements, si importants qu'ils soient, n'apparaissent que comme des accidents de deuxième grandeur. Mais quand il s'agit d'un événement aussi « colossal » que la Révolution française, peut-on vraiment le qualifier d'accident? Sans doute, elle aurait pu ne pas éclater à la date précise de 1789 ; sans doute, les agissements des ministres de Louis XVI, les

1. Cf. P. Busco, *Note sur le hasard* (*Revue philosophique*, 1925, 2e semestre).
2. *Histoire politique de l'Europe contemporaine*, 7e édit., t. II, Conclusion.
3. Voy. les observations de Fr. Simiand, *Méthode historique et science sociale* (*Revue de synthèse historique*, 1903, t. VI, p. 1 et sq., 129 et sq.).

embarras vraiment inextricables du trésor royal, l'agitation révolutionnaire dont la noblesse a donné le signal en mai 1788, à la suite des édits qui frappaient les Parlements, ont pu mettre le feu aux poudres [1]. Mais c'est qu'il y avait bien des matières inflammables. On ne s'explique la Révolution que si l'on songe à tous les abus de l'état social, à toute l'organisation politique, à toutes les institutions de l'époque. Puis, il faut encore se rappeler tout le mouvement de pensée du XVIIIe siècle, qui, s'il n'a pas déterminé directement la Révolution, a préparé les esprits à l'idée d'un changement désirable et même nécessaire. C'est une vue bien simpliste d'attribuer un événement de cette taille à telle ou telle cause particulière, ou encore à un complot de francs-maçons, ou même à l'organisation systématique des « Sociétés de Pensée », comme a tenté de le démontrer Augustin Cochin [2].

Cournot, d'ailleurs, semble opposer les révolutions à l'évolution. Est-ce une idée bien juste? Ne peut-on les considérer souvent comme des accélérations irrésistibles de l'évolution, qui s'expliquent précisément par le fait que celle-ci, contrariée dans son cours, rompt brusquement le barrage? Il arrive en effet, comme en France au XVIIIe siècle, que l'état juridique ne corresponde plus aux conditions économiques nouvelles ou aux besoins de la société. Les institutions juridiques, essentiellement conservatrices (et c'est vrai surtout sous le règne de la coutume), constituent un obstacle aux transformations que demandent les conditions même de la vie. Remarquons que la Révolution française a eu pour principal effet de renverser les institutions juridiques, c'est-à-dire le régime ancien de la propriété, en abolissant le régime seigneurial et les privilèges sociaux des deux premiers ordres.

D'autre part, les individus, et surtout les fortes individualités, semblent avoir pour effet de multiplier les événements accidentels et fortuits. Napoléon, par exemple, a exercé une action indéniable sur l'histoire de l'Europe, qui, sans lui, aurait peut-être été sensiblement différente. M. Kurt Breysig [3]

1. Voyez A. Chérest, *La chute de l'ancien régime* 1884-1887.
2. *Les sociétés de pensée et la démocratie*, Paris, 1921 ; *Les sociétés de pensée et la Révolution en Bretagne*, Paris, 1925, 2 vol. in-8.
3. *Vom geschichtlichen Werden*, t. I : *Persönlichkeit und Entwicklung*, Stuttgart, 1921.

prétend même que c'est de la force créatrice de l'individu que dépendent l'avenir et l'évolution de la société, tandis que la collectivité représente seulement l'équilibre et la *force d'inertie*. Ainsi, dans la Révolution française, il considère que l'impulsion est venue des fortes individualités et que la masse n'a agi que par réflexes et d'une façon épisodique. C'est sous-estimer un peu la portée des mouvements populaires; ainsi, les troubles agraires, qui ont éclaté en France de 1789 à 1792, semblent bien avoir été spontanés et ils ont agi puissamment sur l'évolution même du mouvement révolutionnaire[1]. Ce n'est pas qu'il soit possible de méconnaître l'action des individus sur les événements de l'histoire. Mais on peut se demander si, dans une assez forte mesure, ces individus eux-mêmes, si puissante que soit leur personnalité, ne sont pas les produits de leur époque et de leur temps, s'ils ne sont pas, en quelque sorte, l'émanation de la masse ; il y a là sans doute action et réaction, influence réciproque du milieu et des individualités, qui en sont plus ou moins le produit.

IV

Quoi qu'il en soit, c'est un fait significatif que Cournot semble attacher moins d'importance aux événements accidentels, fortuits, qu'aux phénomènes d'un caractère permanent, qui constituent comme la trame de l'histoire. Voici, à cet égard, un passage significatif[2] :

> « Les conditions de la société changent lentement dans le cours des siècles, en vertu de causes intimes et générales, dont on démêle l'action à travers tous les incidents de l'histoire, et, en même temps, de brusques secousses, auxquelles on donne le nom de révolutions, déterminées par des causes locales et accidentelles, exercent çà et là des actions dont la sphère varie d'étendue ».

Il y a là une vue très profonde, mais dont Cournot n'a peut-être pas tiré tout le parti possible, parce qu'il n'a pas discuté d'une façon systématique l'idée d'évolution.

1. Voy. A. Aulard, *La Révolution et le régime féodal*, Paris, 1919 ; H. Sée, *Les troubles agraires en Haute-Bretagne*, 1789-1790 (*Bulletin économique de la Révolution française*, 1919-1921, Paris, 1924).
2. *Considérations*, t. I, p. 5.

Ainsi, il ne méconnaît pas l'influence énorme de la Révolution française. Mais il considère, semble-t-il, que ce « colossal accident » a interrompu, pour un temps au moins, l'évolution. C'est ainsi qu'il montre très finement qu'après la Révolution, on voit reprendre le cours des choses. Après tout cet enthousiasme et toutes ces secousses, voici que l'on aspire de nouveau au train-train habituel de la vie. Que demande, en effet, l'opinion générale? « La plus prompte reprise du travail et des affaires, le plus prompt retour au taux normal de toutes les valeurs, momentanément avilies ». Et alors, le pays « s'accommodera de l'expédient bâclé »[1]. Cournot nous dit encore que la transformation économique du XIXe siècle ne peut être attribuée à la Révolution ; celle-ci l'a plutôt retardée ; l'état économique et social, qui a suivi la Révolution, était identique à l'état qui l'avait précédée[2].

Assertion, qui d'ailleurs, n'est que partiellement juste. Il est bien vrai que la Révolution n'a pas déterminé les progrès du capitalisme ; mais elle les a servis indirectement, en détruisant la classification juridique des *ordres*, en établissant l'égalité en droit, de telle sorte qu'à l'avenir, ce sera sur des distinctions économiques, et non sur des distinctions juridiques, que seront fondées les diverses classes sociales.

Le tort de Cournot, c'est de ne pas attribuer aux phénomènes économiques toute la portée qu'ils ont en réalité. Non qu'il en méconnaisse l'importance. C'est ainsi qu'il comprend la place que tient dans l'histoire universelle l'établissement des Européens dans les Deux-Mondes, qu'il en distingue les énormes conséquences, c'est-à-dire la révolution monétaire et le développement économique de l'Europe[3]. Il a admirablement compris aussi les causes de la politique mercantile, qui domine partout au XVIIe siècle. Il a discerné avec une grande pénétration les raisons pour lesquelles la grandeur de la Hollande n'a été que relativement éphémère[4]. Il a encore admirablement compris le caractère de la révolution économique qui marque le XIXe siècle[5].

1. *Considérations*, t. II, p. 399-400.
2. *Ibid.*, t. II, p. 246-247. Il ajoute même qu'on ne peut l'attribuer non plus « aux changements survenus depuis la Révolution, soit dans les institutions politiques des nations européennes, soit dans les relations internationales ».
3. *Ibid.*, t. I, p. 245 et sq.
4. *Ibid.*, t. I, p. 385 et sq.
5. Voy. *L'enchaînement des idées fondamentales* (p. 694). A la suite de la tourmente révolutionnaire, nous dit-il, une longue paix devait permettre aux sciences, à l'in-

N'empêche que dans sa classification des diverses catégories de phénomènes, il considère en bloc les événements politiques, qui, dit-il, dépendent beaucoup plus des accidents que les faits d'ordre scientifique, philosophique ou religieux. Or, parmi ces faits, que Cournot dénomme *événements historiques*, il conviendrait de distinguer bien des catégories diverses et, notamment, les événements politiques proprement dits, d'une part, et, de l'autre, les institutions et les faits économiques et sociaux.

Toutefois, Cournot, on le voit, détermine l'importance des divers ordres de faits d'après leur caractère de permanence : au premier plan, les sciences positives, sur lesquelles l'accidentel a la moindre influence ; en second lieu, les systèmes philosophiques, d'une durée quelque peu éphémère ; en troisième lieu, les doctrines religieuses, qui dépendent plus des conjonctures historiques que les systèmes philosophiques, bien qu'ayant une durée plus longue ; les événements historiques proprement dits ne viennent qu'au dernier rang. C'est bien aux faits de civilisation qu'est attribuée la primauté, et ils prennent la place la plus large dans son exposé.

Visiblement, le domaine sur lequel Cournot est le plus à son aise, c'est l'histoire des sciences, non seulement parce que ce sont des questions où il est particulièrement compétent, mais aussi parce qu'il y discerne une permanence et une continuité, qui font contraste avec l'instabilité des événements politiques. C'est ainsi qu'il nous montre en termes saisissants le rôle du moyen âge. On l'a souvent considéré, au point de vue scientifique, comme une époque de stagnation et même de décadence. Or, c'est au moyen âge que se répand une science, que les Grecs n'avaient pas su découvrir, l'algèbre des Arabes, qui a été la condition même des immenses progrès scientifiques des temps modernes. A considérer les sciences, comme la civilisation

dustrie, au commerce « de prendre partout une vigueur nouvelle, inouïe jusqu'alors ». « Alors la situation des fortunes, la nature des goûts et des jouissances changent dans toutes les classes de la société. L'idée économique, le principe utilitaire, la recherche des applications s'infiltrent partout, dans les études, dans les sciences, comme dans la politique. Les utopies nouvelles, comme les mœurs, en sont imprégnées. Des deux côtés de l'Atlantique, on ne tient plus tant aux droits de l'homme qu'à des conquêtes démocratiques, d'une nature à la fois plus solide et plus grossière. Les précédentes révolutions avaient brisé les formes politiques et extérieures, la plupart surannées; la marche ultérieure de la civilisation a modifié dans leurs profondeurs les conditions mêmes de la vie sociale ».

elle-même, on peut constater un progrès, en quelque sorte continu, non pas chez les mêmes peuples, mais dans l'ensemble de l'humanité ; un peuple est-il fatigué de l'effort qu'il a accompli, c'est un autre qui relève le flambeau.

V

En somme, ce qui intéresse Cournot dans le spectacle de l'histoire, ce n'est pas ce qui est accidentel, fortuit, mais ce qui est permanent, essentiel. Et, tout en reconnaissant au hasard et à l'accident une place assez large, il a, en réalité, une tendance à les éliminer dans une certaine mesure. En ce qui concerne l'établissement des Européens en Amérique, l'accident, ce fut la conquête des Espagnols, grosse, il est vrai, de conséquences graves pour l'avenir, mais l'essentiel, d'une plus grande portée encore, ce fut l'immense développement économique de l'Europe. On attribue, dit-il encore, une importance excessive au rôle de Louis XIV ; les guerres de la fin du règne n'ont été que des circonstances accidentelles, qui n'ont pas modifié sensiblement l'évolution générale de la France, ni de l'Europe. La politique dispendieuse et de magnificence du Grand-Roi a eu comme compensation nécessaire la politique parcimonieuse et pacifique du cardinal Fleury, et l'on sait, au reste, que tous les gouvernements ont toujours dépensé au delà de leurs ressources [1].

D'autre part, Cournot considère avec intérêt la déviation que des événements accidentels ont pu infliger à la marche générale des événements et s'attache aussi à montrer qu'il n'y a pas, en quelque sorte, d'évolution rectiligne. Ainsi, la Révolution française procède d'une théorie philosophique (*à priori*), celle des droits de l'homme, et cependant, chose curieuse, « elle aboutit à fonder les institutions sociales bien moins sur la conception du droit que sur l'observation des faits, sur la considération des avantages économiques, les plus palpables de tous, des nécessités économiques, les plus impérieuses de toutes » [2].

Ce qu'il essaie encore de mettre en lumière, c'est que, même à envisager les faits de civilisation, les plus permanents de tous,

1. *Considérations*, t. I, p. 403 et sq.
2. *Ibid.*, t. II, p. 425.

il n'y a pas d'ordre fatal, d'évolution strictement déterminée[1]. L'histoire de la civilisation occidentale montre, dit-il, « combien il faut rabattre de certaines théories sur un ordre politique fatal, qui réglerait l'apparition successive des doctrines religieuses, philosophiques, scientifiques »[2]. C'est à la loi *des trois états* d'Auguste Comte que pense Cournot. Théorie juste en soi, déclare-t-il, juste d'une façon abstraite, mais, à considérer la réalité, l'exception est aussi fréquente que la règle :

« Le judaïsme fait alliance avec l'hellénisme, quand depuis longtemps la science et la philosophie ont acquis tout leur lustre dans le monde hellénique... Le dogme chrétien se propage et se définit au sein d'une société saturée de métaphysique... Le moyen âge débute par une encyclopédie scientifique ».

VI

Cournot a bien vu que ce serait une tentative vaine de chercher, en histoire, à établir des *lois*. C'est qu'en effet on ne peut découvrir de rapports mathématiques entre les phénomènes historiques. Et, par le fait même, la recherche des *causes* est particulièrement difficile, la cause impliquant toujours une relation entre l'antécédent et le conséquent. La philosophie de l'histoire, déclare textuellement Cournot, « s'enquiert de la raison des événements plutôt que de leur cause ». Ce qui, ajoute-t-il, est plus important qu'une cause, — laquelle implique l'idée d'une action, d'une énergie, — ce sont « des résistances passives, des conditions de structure et de forme, qui prévalent à la longue et dans l'ensemble des événements sur les causes proprement dites ». En somme, pour s'expliquer les faits de l'histoire, ce qu'il faut avant tout, c'est de déterminer les conditions et les tendances qui les ont rendus possibles. Cournot pense donc que l'histoire doit être essentiellement *explicative*. Et, à ce point de vue, elle est bien une science, si l'on admet, comme M. Émile Meyerson l'a admirablement démontré, que la science consiste, non seulement à établir des lois, mais aussi à trouver l'explication des faits et phénomènes qu'elle a recueillis[2].

Cournot, au contraire, ne considère comme sciences que les

1. *Ibid.*, t. I, p. 31.
2. *L'explication dans les sciences*, Paris, 1921.

disciplines dans lesquelles il est possible d'établir des lois, c'est-à-dire de formuler des rapports mathématiques entre les faits. Aussi pense-t-il que, dès que l'histoire s'élève au-dessus de la narration, elle doit être tenue pour une philosophie, plutôt que pour une science. Or, il peut y avoir une *science-histoire* et une *histoire-philosophie* ; nous essaierons ailleurs de le démontrer.

En dernière analyse, ce qui intéresse Cournot, c'est l'histoire considérée comme philosophie. Seulement, s'il place sur des plans différents la philosophie de histoire et l'histoire proprement dite, c'est qu'il pense à l'histoire comme on l'écrivait encore trop souvent de son temps, à l'histoire purement narrative, si ce n'est déclamatoire et « éloquente ». Il fut un temps aussi où il y avait comme une cloison étanche entre l'érudition et l'histoire ; même le XVIIIe siècle, malgré l'effort de Montesquieu et de Voltaire, n'a pas démoli complètement cette cloison. Aujourd'hui, au contraire, nous considérons qu'un historien, digne de ce nom, doit avoir fait l'apprentissage de l'érudition, ne doit pas ignorer ses méthodes et que l'érudit, pour donner à ses monographies leur pleine valeur, doit se rendre compte des buts que vise l'historien. Pourquoi la barrière ne tomberait-elle pas aussi entre l'historien et le philosophe ? L'historien, s'il cherche à s'expliquer les phénomènes qu'il décrit, fait, en réalité, de la philosophie de l'histoire. L'érudit, l'historien, le philosophe, en admettant qu'ils travaillent dans des ateliers distincts, et ce n'est pas obligatoire, besognent côte à côte dans le même chantier.

L'un des grands mérites de Cournot, c'est d'avoir compris que la philosophie de l'histoire devait être comme un prolongement de l'histoire, et avoir un caractère *critique*, c'est d'avoir rompu avec toute métaphysique, de s'être tenu sur le domaine de la réalité, au lieu de voguer dans les nuées, comme l'avaient fait tant de philosophes allemands (Hegel en première ligne) et leurs pâles imitateurs, les eclectiques français. Il reprenait ainsi la tradition des lucides penseurs du XVIIIe siècle, des Voltaire et des Condorcet, qu'on n'a taxés de superficiels que parce que leur clair génie illuminait toutes les questions qu'ils touchaient.

Les vues si suggestives de Cournot ont donc fait faire un grand progrès à la théorie de l'histoire et même à la méthode historique [1]. Les faiblesses que l'on pourrait signaler dans son ouvrage tiennent moins à une défaillance de la pensée qu'aux lacunes de ses connaissances historiques. A ce point de vue, son œuvre a été heureusement complétée par un autre penseur, original lui aussi, Paul Lacombe, esprit moins puissant sans doute que Cournot, mais plus au fait du travail historique, et dont l'*Histoire considérée comme science* [2] a pu utiliser bien des données dont son prédécesseur n'avait pas eu connaissance.

HENRI SÉE.

1. Voy. à ce point de vue Ch.-V. LANGLOIS et Ch. SEIGNOBOS, *Introduction aux études historiques*. M. Seignobos a pleinement adopté les idées de Cournot sur le rôle du hasard et de l'accident.

2. Cet ouvrage a été publié en 1894.

LANGUE ET NATIONALITÉ EN FRANCE AU XVIIIe SIÈCLE

De plus en plus, à mesure qu'il avance dans son grand dessein, M. Brunot manifeste le souci de lier étroitement l'histoire de la langue française à l'histoire générale de la France. Philologues et linguistes ont dit tout ce que leurs disciplines pouvaient gagner, et gagnaient, à semblable méthode. On permettra à un historien qui, depuis longtemps, suit dans cette Revue, de son point de vue spécial, le développement des études linguistiques, de marquer avec force tout ce que l'histoire générale doit à des travaux aussi neufs, aussi hardis et cependant aussi prudents.

Dans le tome V de l'*Histoire de la Langue Française des origines à 1900* [1], M. Brunot étudiait la marche du français en France et hors de France au xviie siècle. Il nous montrait notre langue conquérant, d'un élan, l'Europe, cependant qu'à l'intérieur du royaume elle n'avançait que pied à pied, lentement, obscurément, à travers mille obstacles et mille résistances. Contraste étrange, mais combien instructif ; comme il illustre, d'une façon saisissante, l'histoire de la France « louis-quatorzième » !

Aujourd'hui, avec le tome VII, c'est la propagation du français en France au cours du xviiie siècle qui nous est retracée, d'ensemble, dans toutes ses vicissitudes [2]. Sujet tout neuf, et d'un intérêt passionnant. Ceux qui, un jour, nous doteront de cette histoire du sentiment national en France que personne encore n'a entrepris sérieusement d'écrire — et qu'on a raison d'ailleurs d'ajourner jusqu'au temps où des travaux prépara-

1. Il a paru en 1917 (444 p. in-8).
2. Paris, Colin, 1926, 360 p. in-8.

toires auront ouvert quelques larges perspectives sur cette énorme et magnifique question — ceux-là devront tenir un compte minutieux des faits recueillis par M. Brunot ; mais surtout, ils auront à tirer de son étude, si dense et si sagace, les conclusions qui s'imposent. Je ne sais pas de livre qui nous incite à plus de réflexions, et plus fécondes, sur la texture intime d'une nationalité avant la crise révolutionnaire. Je n'en sais pas qui nous aide mieux à comprendre comment et en quoi nos états modernes diffèrent profondément des états d'autrefois. Je voudrais le montrer en quelques mots. Mais avant, j'aurai plaisir à suivre M. Brunot dans ses démarches et à retracer rapidement la marche du français à l'intérieur du royaume, depuis la fin du règne de Louis XIV jusqu'au seuil de la Révolution.

I

Le français, à la fin du règne de Louis XIV, trouvait en face de lui deux adversaires inégalement armés, mais encore redoutables : le latin, et le patois. Au cours du XVIIIe siècle, il achève la déroute de l'un d'eux : le latin.

Le latin est vaincu. Cela veut dire d'abord que nul, vers 1760, ne s'avise plus de considérer comme des écrivains véritables les faiseurs de distiques, d'iambes ou de saphiques qui, de moins en moins facilement d'ailleurs, trouvent encore des éditeurs.

Aetas egregios duos poetas
Hæc fert aurea...

s'exclamait en 1538 le bon Nicolas Bourbon. Ne cherchez pas. Ne pensez à aucun des grands poètes du XVIe siècle que nous connaissons et que nous aimons toujours. Il s'agit de Germain Brice et de Salmon Macrin que nous autres, rats de bibliothèque, nous grignotons encore à l'occasion ; il faut bien faire des fiches ; mais leur langue, fabriquée de mots et de « tournures » puisées, à même cinq siècles de latinité, dans plus de vingt poètes hétéroclites, représente à peu près, pour qui a le sens du latin, ce que serait cette monstruosité : un pot pourri de classicismes raciniens et de métaphores romantiques avec, saupoudrant le tout, quelques réminiscences verlainiennes et une poignée d'archaïsmes marotiques.

Au XVIIIe siècle, ces tristes jeux prennent fin. Non qu'on cesse brusquement de lire ou d'éditer les poètes latins modernes, tant à l'étranger (en Hollande notamment) qu'en France même. J'ai devant moi, en écrivant ceci, un de ces livres délicats et charmants que Barbou, par surcroît, enrichissait de fines gravures demandées à Cochin, à Eisen, à Gravelot et autres petits maîtres : c'est une édition du *Prædium Rusticum* du Père Vanière, de 1786 ; et voici, dans la même série, pêle-mêle avec un Lucrèce, un Virgile, un Horace et un exquis Martial en deux volumes, le *De Hortis* de Rapin (1780) ; les *Juvenilia* de Bèze, de Muret et de Jean Second (1779) ; les tristes *Fabulæ* de Desbillons (1778), d'autres encore. Il y aurait même, sur ces éditions et rééditions, à mener une de ces innombrables petites enquêtes statistiques dont la simple lecture du livre de M. Brunot fait, à chaque page, surgir l'idée [1]. Mais dans l'ensemble, c'est vrai ; il ne naît plus de poètes latins : formule prudente que les fervents du *Thesaurus Poeticus* et du *Gradus ad Parnassum* adoptent avec empressement pour déguiser à leurs propres yeux l'horreur du tombeau qui les guette [2].

Plus de poésie latine. Plus d'éloquence latine. Plus de science latine en un temps où le goût, l'engouement même, pour la science devient ce que l'on sait. L'*Encyclopédie* ne s'exprime qu'en français. Mais même dans leurs mémoires techniques, astronomes, physiciens, chimistes, philosophes, historiens, politiques : tous composent en leur langue. Déjà Fontenelle, le Fontenelle des *Dialogues des Morts* et des *Entretiens sur la Pluralité des Mondes*, a enseveli dans les plis subtils d'une langue toute de finesse et de clarté la grande génération de la transition, de Malebranche à Leibniz et à Newton. Personne qui ne l'imite dans la génération suivante et ne parle en français : Buffon ou d'Alembert, Laplace ou Daubenton, Monge et Lalande, Lakanal

1. BARBOU, dans la même série, reproduisait l'*Encomium Moriæ* d'Erasme et l'*Utopia* de Morus ; il y a quelque chose d'intéressant dans cette résurrection à l'extrême fin du XVIIIe siècle, et même sous le couvert de la bibliophilie, de certaines œuvres caractéristiques de la pensée, ou du sentiment du XVIe siècle.

2. Pour l'état de choses à la fin du XVIIe siècle, se reporter au tome V de M. Brunot. Déjà Bayle, à cette époque notait que les poètes savants poussaient « les derniers soupirs de la poésie latine » (p. 7).

et Réaumur ; c'est un procès gagné [1]. Je m'amusais, en lisant la belle thèse récente d'Henri Daudin (*De Linné à Lamarck : Méthodes de la classification et idée de série en botanique et en zoologie*, 1740-1790), à pointer, dans la *Bibliographie*, le nombre des mémoires ou des livres d'histoire naturelle composés par des Français entre 1740 et 1790, et écrits respectivement en français ou en latin : trente-trois contre quatre. Ces chiffres sont éloquents [2].

Signe révélateur : les collèges eux-mêmes commencent à s'émouvoir. Le concours général est créé en 1748. Dès 1749, il comporte en rhétorique un prix de Discours français. Et timidement, voilà que les exercices français s'introduisent dans les classes. Ils gagnent du terrain peu à peu, surtout chez les Oratoriens ; en 1759, il se trouve même des religieux pour instituer un enseignement sans latin ; on devine que M. Brunot n'omet pas de saluer au passage ces précurseurs, les bons Bénédictins de Sorèze. Cependant, dans l'ensemble, l'esprit des régents reste très latin. Dans ce milieu, les résistances sont tenaces et les routines à peu près invincibles. Il faudra du temps pour en avoir raison. Mais il ne s'agit plus que d'un petit milieu de professionnels, de plus en plus coupés du monde et de la vie, sans prises réelles sur l'esprit de leur époque.

Quand la Révolution commence, avec une pointe de témérité les partisans d'un large enseignement du français auraient pu sonner « Ville Gagnée ». L'école résistait. La société déjà était conquise.

* * *

Plus dure à mener, la lutte entre les patois. Certes, nulle part ils ne font plus figure de langue littéraire. Ni de langue écrite. Dans le Midi même, où si longtemps ils avaient régné en maîtres, leur domination est terminée [3]. Plus d'actes publics, de procé-

1. Sur la période précédente, cf. le même tome V, p. 21. « Le latin résiste dans les sciences... Quoique la science prît sa place dans l'estime publique, les savants ne prenaient que difficilement la leur dans la société », etc.

2. Sur l'apparition des journaux de science en français : *Journal des Savants* (1665) ; *Nouvelles de la République des Lettres* (1684) ; *Bibliothèque Universelle* (1668) ; *Journal de Trévoux* (1701), cf. également le t. V, p. 23 sq.

3. Détails abondants dans le livre de M. BRUN : *Recherches historiques sur l'introduction du français dans les provinces du Midi*, Paris, 1923. Cf. notre article : *Politique*

dures, de papiers notariés en « langue d'oc ». La langue littéraire, la langue d'apparat, bien plus : la langue qu'on écrit dès qu'on prend la plume, c'est le français. Mais ce n'est pas encore la langue de tous les jours, la langue vraiment maternelle, celle qu'on apprend sur les genoux des vieilles femmes, qu'on entend à la maison, dans la rue, et qu'on emploie tout naturellement pour parler à l'ami qui passe : ce « vulgaire » d'usage courant et spontané, c'est toujours le patois lorsque s'ouvre le XVIIIe siècle ; c'est encore le patois lorsqu'il se clôt sur la Révolution naissante.

Est-ce à dire qu'il n'y a pas eu de progrès? Si, et de ce progrès M. Brunot s'est efforcé de démêler les causes. Le problème est d'une ampleur énorme. La langue étant le fait social par excellence, reflète avec une fidélité unique l'état général de la civilisation aux diverses époques. La liste des influences qui s'exercent sur elle est illimitée. Mais il y en a d'importantes et de secondaires. Le mérite de M. Brunot, c'est précisément d'avoir tenté de les classer, d'en marquer l'étagement et les répercussions.

Gens du XXe siècle et puisqu'il s'agit des progrès du français en France, nous nous tournons vers l'école d'un geste spontané. Qui aurait appris le français aux petits patoisants, sinon « le maître »? M. Brunot nous retient par la manche : « Une école d'aujourd'hui est une maison où on enseigne ; une école de jadis était un endroit où on gardait et où on élevait des enfants ». D'ailleurs, que d'obscurités dans l'histoire de ces garderies ! S'agit-il de leur nombre? Une inégalité extrême de région à région. Et là où il y avait le plus d'écoles, qu'étaient-elles? que savaient les maîtres? « Il n'est point de marchandises qu'on puisse dire plus mêlées que celle des maîtres d'école », déclare mélancoliquement un subdélégué de Lunéville. Le maître qui ne sait ni lire ni écrire n'est point un personnage de vaudeville. C'est un des types, réels, du petit monde d'autrefois [1]. Il chante toujours, il est vrai, ce qui compense. Le maître d'école, c'est l'homme du lutrin. Quand il a conduit tous les matins les enfants à l'église ; quand il s'est rompu le gosier à chanter tous les offices, et les messes de fondation et les messes des morts, qu'il apprenne aux écoliers, moyennant cinq sols par

Royale ou Civilisation française, publié ici même, au t. XXXVIII de la *Revue*, p. 37 sq.

1. Textes au t. V, p. 36, n° 2 et p. 37, et au t. VI, p. 148-49.

mois, à lire, écrire et l'arithmétique : passe ; mais c'était un surcroît.

Du reste, à ces petits sauvages qu'il gardait sous la menace des coups, parlait-il français, ou patois? Français dans l'Est ; et dans le Nord ; et dans le Centre aussi, semble-t-il. Français avec des réserves, naturellement. Non seulement les écoliers entre eux parlaient toujours patois, mais l'instituteur était souvent obligé, pour se faire comprendre, de leur donner des explications en patois. Il ne patoisait pas systématiquement; il en aurait d'ailleurs été souvent assez empêché [1]. Il s'efforçait de franciser. Mais son effort se brisait à chaque instant. Quant au Midi? Deux sons de cloche s'entendent, à laisser l'historien plus perplexe que Panurge en instance de mariage. Répondant à Grégoire : « Les maîtres ne parlent ordinairement que patois, ou parlent très mal français », dit un correspondant. Mais un autre : « L'enseignement se fait en français ». Est-ce le troisième larron qui les départagera? écoutons : « Dans nos écoles de campagne, l'enseignement ne se fait en patois ni en français »... Nous voilà bien antidotés ! Un quatrième survenant aurait pu ouvrir un nouvel avis. Car, si les maîtres avaient été instruits, c'est en latin qu'ils auraient appris à lire aux enfants [2]. Le français n'y aurait point gagné...

Chose curieuse : « L'administration éclairée », au temps de Louis XVI, ne favorisait nullement l'instruction des campagnes. « Un paysan qui sait lire et écrire quitte l'agriculture » : propos sans fard d'un intendant de Provence, tard dans le siècle (1782). Et cet autre, en Navarre : « Je ne crois pas qu'il soit nécessaire de faire de grands raisonnements pour prouver l'inutilité des régens dans les villages... Je supprime toutes les écoles de cette nature qui se font dans les communautés, lorsque j'en ai connaissance ». La République n'a pas besoin de savants. Il se peut.

1. La plupart des maîtres d'école nomadisaient. Ils devaient donc mal parler le patois, qui varie de village à village? Or, qui parle mal le patois prête à rire, à ce rire aisément cruel du paysan d'autrefois, peu tendre pour les fainéants qui ne tiennent pas la queue de la charrue : le tailleur, le cordonnier, le tisserand et, plus que tous, ce propre à rien de maître d'école qui n'est bon qu'à faire des paresseux.

2. Sur cette pratique, cf. t. V, p. 39. Il fallait lire avant tout les prières et le rituel, dût-on en rester là. M. Brunot met bien en lumière les obstacles de toute nature qui s'opposaient au passage facile de la lecture en latin à la lecture en français. L'enfant qui a appris à lire *de-u-s* en détachent toutes les lettres et *cantent* en faisant sonner la finale, est perdu quand il faut qu'il dise : *deux* et *chantent* de toute autre manière.

Monseigneur l'Intendant, lui, à cent reprises, proclame qu'il faut une ignorance pour le peuple[1].

***

Comment donc le français a-t-il réussi, entre la fin du XVIIe et celle du XVIIIe siècle, à gagner dans le royaume un terrain appréciable? Le royaume? c'est assez bien cette Asie, ou cette Amérique que les cartographes du temps nous représentent dans leurs somptueux Atlas. Les côtes sont connues, à peu près. Les villes aussi, et la banlieue des villes, et quelques grandes zones de circulation et de trafic ; mais, entre le réseau plus ou moins dense des zones battues, il y a des blancs. Des manières de désert en réduction qu'habitent, à l'écart de toute circulation d'hommes, de denrées ou d'idées, des populations enlisées dans une routine sordide et que rien n'incite à en sortir. Tous les deux ou trois ans, un voyageur égaré ; chaque année, quelques colporteurs et les collecteurs d'impôts : voilà la liste des visiteurs de ces solitudes. Si âpres, si pénibles d'accès, que des hommes même qui, par fonctions, auraient dû s'y rendre annuellement, ne le font pas. Parlant de son diocèse, Le Camus, évêque de Grenoble, écrit à Pontchartrain (1672) : « Il y a quarante ans qu'on n'a visité ». En Morvan, dans le canton de Montsauche, de 1704 à 1825, pas de confirmation : l'évêque allègue ne pouvoir s'y rendre. On comprend pourquoi, au cœur de son livre, M. Brunot met six chapitres sur les routes, les transports, la circulation générale au XVIIIe siècle. Pour la langue même, le problème primordial, c'était un problème routier.

Faut-il le dire? Ce que j'aime, dans le livre de M. Brunot, ce n'est pas tant le soin qu'il met à proclamer cette grande vérité que la façon infiniment nuancée et aussi peu dogmatique que possible dont il procède à ses démonstrations. M. Brunot ne se satisfait pas en assénant, d'un air doctoral, des formules massives sur la tête du lecteur. Il n'est pas tenté de croire, ou de faire croire, que la seule existence d'un réseau routier ait suffi à

1. ARDASCHEF dans son livre sur les *Intendants de province sous Louis XVI* (trad. Jousserandot, Paris, Alcan, 1909), confirme tout à fait ceci. *Cf.* p. 373 : « Les intendants se préoccupent beaucoup moins des écoles primaires pour le peuple ». Il a noté auparavant qu'ils s'intéressaient avant tout aux écoles techniques. Somme toute, c'était l'utilité matérielle qui les guidait.

entraîner, automatiquement, la diffusion du français à travers la France. L'œuvre fut de longue haleine. Dans des contrées qui n'ont rien de sauvage, nombre de villages ne reçurent les bienfaits de la viabilité que bien après le milieu du XIXe siècle. L'effort routier de la Monarchie de Juillet vint utilement renforcer celui de la vieille monarchie ; et les régimes ultérieurs parfirent la besogne. Mettant en forme des souvenirs qui datent de 1870 à 1880, Ch. Roussey, l'auteur d'un excellent *Glossaire du parler de Bournois* (un village du plateau franc-comtois, entre Doubs et Ognon) peut encore écrire : « Le jour où un rétameur ou un quincaillier nous rendait visite, c'était un véritable événement ; ils étaient entourés, regardés avec de grands yeux ; le bourriquot et la voiture à deux roues étant examinés dans leurs détails avec force commentaires ». Il ajoute : « Avec la route, le progrès a pénétré à Bournois ». Oui, Mais la route elle-même n'a pénétré à Bournois qu'aux environs de 1880.

Et puis, M. Brunot nous montre fort bien, par surcroît, que toute invention produit des effets contradictoires. Encouragés par des communications plus faciles, les paysans se rendirent plus volontiers à la ville, château-fort du français. Il est vrai. Mais l'amélioration des routes entraînait l'abréviation des voyages et la suppression de ces nuitées d'auberge que la lenteur des communications imposait auparavant aux vendeurs. L'auberge n'était pas d'ailleurs, nécessairement, un conservatoire de noble langue, et il demeure vrai d'une vérité générale, qu'en augmentant les relations entre villes et campagnes, le développement du commerce sur route assurait à la langue centrale des chances nouvelles de se répandre.

Au fond, le difficile, c'est de faire l'addition, le total. Nous voyons très bien de grands ensembles de faits. Très bien aussi les objections partielles, les exceptions, les remous. Mais établir les proportions de ces éléments divers et calculer la somme ensuite : voilà qui n'est pas aisé. « Hardi qui affirmerait... La réserve s'impose... De loin, d'aujourd'hui, quelle constatation faire sur un passé lointain?... Combien on s'aventure en tranchant ces matières!... » Je cueille en deux pages, au hasard, ces formules répétées de M. Brunot. Qu'elles sont sympathiques et rassurantes ! C'est parce qu'elles abondent, ces intelligentes formules de doute, que l'ouvrage tout entier est si fécond et, j'ajoute, si certain de durer.

***

J'hésite à grossir d'une conjecture, à augmenter d'un peut-être la liste des objections que M. Brunot fait lui-même, à chaque instant, aux opinions trop vraisemblables qui se présentent à son esprit. Prenant texte d'un passage d'Arthur Young qui s'étonne du vide des routes françaises à la fin du XVIIIe siècle : « On pourrait contester, écrit-il fort judicieusement. L'affirmation est en contradiction avec des données formelles et positives comme celles des péages ». Mais il n'insiste pas. Il préfère se rendre compte des choses. « Les corvées étaient d'hier, note-t-il, le dommage d'aujourd'hui, les bénéfices ne s'annonçaient pas encore ; les turgotines n'emportaient vers la ville ni les bêtes, ni les produits du paysan ». Il passe sur cette remarque. Qu'il me permette de m'y arrêter un instant.

Ce n'étaient pas les turgotines seulement, c'étaient les charrettes du paysan lui-même qui n'emportaient encore vers la ville que trop peu de produits, et trop peu souvent. Car les routes, c'était bien. Mais pour qu'elles fussent encombrées de voitures pleines de gerbes ou de sacs de blé dirigés vers le marché voisin, encore fallait-il que la production fut telle, en graines ou en bêtes, que le paysan, sa consommation prélevée, eût de quoi vendre un reliquat important. Pour cela, une révolution était nécessaire : cette révolution des méthodes culturales que des précurseurs commencent précisément à amorcer à la fin du XVIIIe siècle dans les Académies, dans les sociétés d'agriculture et autres. Révolution qu'on ne saurait dater ; elle fut longue à s'accomplir, très longue. Je relisais encore ces jours-ci la *Préface* d'une des meilleures monographies que nous ayons sur nos patois de l'Est bourguignon et comtois ; j'ai déjà eu l'occasion de la citer tout à l'heure : c'est celle de Roussey sur Bournois [1]. Les détails

1. Paris, Welter, 1894, in-8, p. 7 : « En 1877, j'ai encore labouré avec la charrue en bois... En 1874, les gens de Bournois se servaient encore du fléau et pour mon compte j'ai battu cette année-là, avec mon seul frère Florentin, douze cents gerbes... Ne sachant pas tirer du sol le quart de ce qu'il aurait pu produire..., les gens de Bournois se nourrissaient très mal. » P. 8 : « Loin de vendre du grain, beaucoup de familles en manquaient dès le printemps... Pour les animaux, il en était de même.

que l'auteur donne sur la culture dans son village, sa technique plus que rudimentaire, son rendement invraisemblablement faible — cela, de 1870 à 1880 environ — ces détails nous montrent que construire des routes ne suffisait pas, certes, à créer dans toute la France une circulation prospère. Le bloc de la routine était plus difficile à entamer que celui des cantons sans chemins. Et pour que les chemins une fois construits vissent circuler sur leurs chaussées solides des voitures lourdes et des bêtes bien nourries, il fallait plus que la science des ingénieurs: une révolution agricole et, par delà, une révolution morale ; l'appétit du gain se développant chez le paysan et, dans ce vieux métier routinier, l'éveil d'un esprit nouveau, d'un esprit de commerce et de profit qu'on croit, à tort, éternel — et qui est souvent, à la campagne, récent : quasi contemporain...

Du reste, M. Brunot ne se borne pas à retracer les progrès du réseau routier. Il recherche comment, sous quelles influences, des centres de parler français ont pu se constituer un peu partout à la fin du XVIIIe siècle. Parmi eux, les agglomérations ouvrières qui se concentrent autour des mines et des manufactures ; puis, les châteaux où, de plus en plus, le goût public aidant, grands seigneurs ou bourgeois enrichis vont s'établir une partie de l'année ; dans les petites villes, ces colonies de fonctionnaires nomades, venus des quatre coins de l'horizon et qui ne parlent que français. Il ne note pas (sans doute parce qu'il aura l'occasion d'y revenir plus tard) [1] l'influence certaine aussi dans les

Aux premiers jours du printemps, les greniers étaient à peu près vides ». P. 10 : « En dehors de la culture, les gens ne cherchaient aucune ressource » : notation qui nous introduit dans une sphère morale et psychologique fort curieuse à explorer. P. 19 : « Selon l'ancienne coutume, tous les chemins étaient en ligne droite, mal tenus et à peu près impraticables... C'est grâce à ces accidents de terrain qu'en 1815, Bournois a pu échapper assez longtemps aux allées et venues de l'ennemi ».

On trouvera la même note dans toutes les monographies relatives à l'Est franc-comtois. *Cf.* par exemple l'intéressante notice de Ch. Perron sur un village de la même région, Broye-les-Pesmes (*Mém. Soc. Emulation*, Doubs, 1889, p. 373) : « On peinait beaucoup et on ne récoltait guère... Quand un laboureur avait mis de côté la graine nécessaire pour les semailles prochaines et pour la consommation de son ménage, le produit du surplus suffisait à peine pour payer les tailles, le valet et une petite redevance au vieil usurier de Pesmes à qui il avait emprunté cent écus depuis l'année où tout son bétail avait péri.. »

1. *Cf.* ce que dit Ch. Rousset de son père (*op. cit.*, p. 6) : « Ses parents le destinaient à l'enseignement, mais il préféra s'engager. Après avoir fait ses sept ans, il rentra au village avec le grade de sous-officier. Dès lors, il ne cessa d'être en quelque sorte le secrétaire de toute la commune... Il comptait parmi ses cousins plusieurs sous-officiers et un instituteur ». Sorte de petite aristocratie de village, qui n'est point morte aujourdhui. Combien de fois, rencontrant dans nos villages comtois d'an-

villages des anciens soldats revenus du service. Par contre, il n'a garde de négliger ce que nous savons sur l'activité des campagnons en route pour le Tour de France. Ces faits si variés s'appuient, se corroborent, s'étaient l'un l'autre. Ils justifient le jugement qu'il y a plus d'un siècle formulait un des correspondants de Grégoire : « Les campagnards permanents parlent peu français, et très mal ; ceux qui voyagent le parlent moins mal ; ceux qui se sont absentés plusieurs années le parlent assez bien »[1].

II

Toutes ces remarques vous excitent l'esprit et vous donnent à penser. Mais on en revient toujours, avec plus de curiosité, au gros problème, à l'irritant problème central : celui des rapports de la langue et de la nationalité. Entre les progrès du français et la prise de conscience par les Français d'un sentiment national, quel lien se nouait, directement?

Ce problème, M. Brunot ne l'aborde pas de face. Il en fait le tour. A la fin de son livre, il passe en revue, d'abord les provinces particularistes ou de langue étrangère qui ceinturaient la France. Qu'y savait-on de français? Voici le Béarn, pays « étranger à la France quoique soumis au même roi » et qui s'obstine à maintenir jusqu'à la Révolution son particularisme linguistique ; le pays Basque, tout fermé encore à la culture et à la langue de France ; le Roussillon, théâtre sous Louis XIV d'une intéressante tentative de francisation par l'école, mais qui ne dura

ciens compagnons de régiment, ne les ai-je point entendus m'énumérer fièrement le nombre des enfants du pays revenus sous-officiers, voire même officiers, de la grande guerre? — Ch. ROUSSEY, dans sa *Préface* si compréhensive, note fort bien l'accroissement de cette petite caste des « brevetés », des sous-officiers, des instituteurs, des petits fonctionnaires, par suite du développement de l'école primaire. Cf., p. 20 : « On ne se contente plus de savoir lire et écrire, tout le monde veut être *savant*. C'est une véritable fièvre qui envahit la population... Dans ces dernières années (1894), la commune qui ne compte plus que 395 habitants a produit un prêtre, six instituteurs et deux institutrices, sans compter ceux qui ont échoué à leurs examens, et ceux qui se préparent à devenir *savants* ».

1. C'est pour cela que le conventionnel breton Lequinio, parcourant le Jura sous la Révolution, peut nous signaler « la droiture d'un sens exercé, la finesse... et la perfection du langage » des montagnards du haut Jura (*Voyage dans le Jura*, I, 261). « Toutes ces tribus voyageuses de Saint-Laurent et des alentours, savent, note-t-il, très bien lire, écrire et calculer ; la soif des papiers-nouvelles est une de leurs jouissances ».

pas et ne fut pas suivie. En Corse, tout restait à faire. Quand Napoléon, fort jeune, arrive à Autun en 1779, il ignore tout du français. C'est là qu'il en apprend les premiers mots, avant de gagner Brienne. Et M. Brunot passe encore en revue la Bretagne, où le peuple, ne sachant pas le français, se presse aux sermons en breton, aux mystères en breton, tandis que dans les villes on parle français, ce qui fait que « le sentiment si fort de l'unité et de l'indépendance bretonne ne pouvait se confondre en aucune façon avec le goût de la langue indigène et ne lui servait pas de soutien ». C'est ensuite le tour de la Flandre Maritime, de l'Alsace, de la Lorraine : partout, des conditions originales, des tendances particulières, un état linguistique spécial. Ici, on tend à se rapprocher de la France, tout en restant attaché au parler local ; là, on se laisse pénétrer par le français, tout en demeurant très particulariste. Et mille nuances, mille variétés intermédiaires.

Certes, quand, son tour de frontières terminé, M. Brunot parcourt la France proprement dite, il peut noter un peu partout le bilinguisme des populations. On parle patois dans les campagnes. On le parle encore dans les villes, parfois. Mais on n'écrit qu'en français. Et quand il faut, avec des passants, avec de hauts personnages, les paysans même se risquent à parler français. Non sans hésitation ni pudeur. Car je n'ai pas souvenir d'avoir vu rappeler par M. Brunot ce fait psychologique important : il se réserve, j'imagine, de le faire intervenir plus tard, dans ses volumes sur le XIXe siècle, lorsqu'il aura à en noter la totale inversion. De même qu'on se déclassait par le haut aussi bien que par le bas, le petit bourgeois qui épousait une fille de grande maison ne causant pas un moindre scandale que le grand bourgeois qui épousait sa servante — de même, dans un village, renoncer à son patois sans absolue nécessité, ç'aurait été se déclasser. Quelles railleries cruelles n'auraient pas accueilli l'audace anti-sociale d'un laboureur « osant parler français » : on l'aurait accusé de faire le monsieur, et quelle pire accusation? En tout cas, ceux qui parlaient français, par occasion et par nécessité, le faisaient sans se rallier jamais, consciemment ou non, à ce qu'on pourrait nommer une mystique de la langue nationale. Pas de nation, pas de langue nationale. Et reprenant une phrase de Rabaut à Saint-Étienne en 1789, M. Brunot note qu'on pouvait se demander encore, à la veille de la Révolution et à ne considérer que l'état des patois, « si l'association de toutes les provinces se confondant sous une seule loi, s'administrant par les mêmes principes, n'était point une chimère? » Une fois de plus, sa prudence avisée et son sens critique servent bien M. Brunot. Il l'a senti. Il n'y a pas là un problème, mais une série de problèmes.

Au fond, quand on y réfléchit, dire que sous l'Ancien Régime, les deux concepts de langue et de nationalité n'étaient point liés -- c'est constater simplement que le mot de Nation ne rendait pas le même son, prononcé en 1750 ou en 1793. En 1750, il n'y avait pas encore, unique, la Nation qui devait figurer en 1791, avec le Roi et la Loi, sur le porche de tant d'églises et de mairies. Cette nation, elle existait sans doute, comme un idéal, dans l'esprit de beaucoup d'hommes. Mais d'autres « nations », anciennes, traditionnelles, et qui pendant des siècles avaient encadré les hommes, subsistaient encore à côté d'elles — et empêchaient qu'on ne la voie, qu'on ne pense à elle seule, qu'on ne l'organise. Or, chacune de ces nations se posait à sa manière le problème linguistique.

***

Je connais un peu l'histoire d'une de nos provinces les plus résistantes, si je puis dire — une de celles qui se sont le mieux souvenu, et le plus longtemps, de leur passé autonome : la Franche-Comté. Rien de curieux comme l'attitude des Franc-Comtois vis-à-vis du français. Culturellement parlant, ce sont des Français, du type « bourguignon ». Mais, politiquement, ils vivent leur vie en marge de l'histoire française, largement. Du haut Moyen âge à la conquête de 1674, la Comté n'a rien à voir avec le royaume, sauf de 1295 à 1384, pendant une période de moins d'un siècle, d'ailleurs assez remplie — et de 1477 à 1493, pendant seize ans à peine.

Sujette des pires adversaires du Très Chrétien, au XVIe, au XVIIe siècle, elle n'est pas étrangère à la France : elle lui est ennemie. La sauvagerie, les violences sans nom de Louis XI, les excès de ses troupes pillant et saccageant le pays ont achevé de faire des Bourguignons du Comté les irréductibles adversaires de la monarchie française. A la fin du XVIe siècle, la brutalité, la rapacité sans foi ni grandeur d'Henri IV ne rarrangeront pas les choses. Quelle langue parlent-ils donc? Leurs patois sans doute, promus à la dignité de parlers nationaux, et, quand ils ont besoin d'une langue de culture, le latin naturellement, puis plus tard l'espagnol?

L'espagnol? Non seulement aucun Espagnol n'a jamais vécu en Comté, contrairement à la légende tenace qu'un vers de Hugo contribue à maintenir et à perpétuer ; mais je ne sache pas qu'aucun Comtois ait jamais eu l'idée d'aller parfaire ses études dans une Université d'Espagne. Nombre d'entre eux ont fait le voyage de la péninsule, et plusieurs s'y sont établis : ce n'était pas comme étudiants, certes. Inversement, on ne trouve pas dans les registres matricules de l'Université comtoise de Dole, le nom d'un seul Espagnol, étudiant ou professeur, pendant tout le XVIe siècle [1].

Le latin? Certes, lorsqu'il règne encore partout, au XVIe siècle, il tient sa place en Comté comme ailleurs, mais une place qui n'a rien d'excessif. Et qui est plutôt moindre, semble-t-il, que celle qu'il occupe dans nombre de provinces françaises de ce temps. Il est curieux de voir que tous ceux qui impriment, en Comté, au XVIe siècle, paraissent avoir la coquetterie de donner quelques marques de leur science du français [2]. Visiblement, la langue du grand royaume voisin, la langue de Paris, mais de Dijon aussi et de Lyon, jouit d'un prestige solide dans la Comté. On s'y pique de l'écrire avec autant de correction et d'élégance

1. Cf. le judicieux article de Boussey : *La Franche-Comté a-t-elle été espagnole?* dans les *Mémoires de l'Académie de Besançon*, 1905. Hélas, je cite ce travail sans illusion. Il y a encore de beaux jours pour la légende et on n'a pas fini de découvrir en Comté de bruns descendants des hidalgos de Castille, ou des « maisons espagnoles », des « grilles à l'espagnole », des « fenêtres espagnoles » par douzaines. Or, la Comté n'a jamais eu en résidence, dans ses villes ou dans ses villages, ni gouverneurs, ni magistrats, ni prélats, ni érudits, ni capitaines, ni soldats, ni marchands, ni étudiants espagnols. Par contre, l'Espagne a connu des ministres, des diplomates, des gens de guerre, des laboureurs, des marchands franc-comtois. C'est le mot de notre historien de la *guerre de Dix Ans*, Girardot de Nozeroy : « La monarchie d'Espagne est une Bourgongne étendue partout ».

2. Avec quelque appréhension au début :

Petit livret qu'en azard te veulx mettre,
En France aller, fontaine d'éloquence,
Doubte-tu point rencontrer quelque maistre
Qui mocquera ta rustique loquence?

interroge Ferry Julyot en 1557 (p. 3).

que par delà la Saône. Un pur humaniste, un Érasmisant comme Gilbert Cousin dont toute l'œuvre est latine, publiera cependant, à Lyon, deux ou trois opuscules en français [1]. A Besançon, c'est en français, qu'en 1557, le notaire Ferry Julyot publiera ses *Élégies de la Belle Fille lamentant sa virginité perdue*. C'est en français également que le juge Morelot donnera, en 1588, son *Discours* en vers, aux magistrats de Besançon. C'est en français encore que Chassignet, l'émule provincial de Malherbe, composera, en 1594, les 400 sonnets de son *Mespris de la Vie* en attendant ses *Paraphrases* sur les prophètes et sur les psaumes. Exemples pris entre bien d'autres [2]. La liste est longue des poètes — ou des versificateurs — franc-comtois qui usent du français au siècle de la Renaissance. Ils en usent de plus en plus, d'ailleurs, et avec un succès croissant. Cousin, Morelot, et bien d'autres : ce ne sont que des noms. Chassignet est quelqu'un déjà. Et Du Monin, de Gy. En attendant le polygraphe Mathieu, de Pesmes, son *Esther*, sa *Vashti*, son *Aman*, sa *Clytemnestre*, sa *Guisiade*, ses *Pastorales* — et bientôt Jean Mairet, l'envieux de Pierre Corneille, le Mairet de *Sylvie* et de *Sophonisbe*.

Quant aux patois? C'est le bien propre des paysans. C'est la langue dont on use pour entrer en relations avec eux. Chose curieuse, c'est la langue que de bonne heure, les gens de lettres de Comté se plaisent à mettre dans la bouche des rustiques. Notre historien Gollut, l'auteur des *Mémoires historiques de la République Séquanoise* (1592) — un professeur de latin qui a rédigé toute son œuvre en français, et même en bon français, savoureux, rythmé et correct — imprime à Dole, en 1589, un petit livre devenu extrêmement rare : les *Paroles Mémorables de quelques grands personnages, entre lesquelles sont plusieurs mots joyeux et rustiques*. Ces mots rustiques sont mis en patois dans la bouche des paysans comtois qui sont censés les avoir dits [3].

1. Pour les références, cf. le *Répertoire bibliographique des Ouvrages Franc-Comtois imprimés antérieurement à 1790* de l'abbé M. PERROD, Paris, Champion, 1912.

2. Cf. par exemple, les œuvres françaises de JEAN DE LA BAUME-PERÈS, élève de G. COUSIN (*Aulcunes œuvres gallicaines*, Lyon, 1556); celles de J. FLORY DE VERCEL ; du greffier CLAUDE DE LESMES ; du médecin JEAN VUILLEMIN (*Eclogue du Verbe Divin*, Lyon 1573, etc.).

3. Voir p. 333-334-335 ; 345-346-347-348 ; 389 ; 406-407. Voici un échantillon de ces « notations » patoises. Il s'agit de l'émoi des paysans comtois lorsque le bruit se répandit que le duc Casimir menaçait leur pays. Ils se disaient, nous raconte Gollut : « Qu'au souque ce M. Cassenesille vin fare en ce pei? et mérite ben qu'on

Leurs interlocuteurs, nobles ou bourgeois, parlent le français de Gollut. Nulle fierté nationale, ai-je besoin de le dire ? dans cette transcription de patois. La curiosité d'un Noël du Fail plutôt, moins littéraire d'ailleurs. Quand Gollut introduit quelque souci d'orgueil dans ses divagations historico-linguistiques, c'est pour proclamer une sorte de patriotisme non pas français, certes, mais « gaulois », dans lequel il faut bien qu'il communie avec les Français. Lui, cet adversaire de la France et qui trace en tête de ses *Mémoires*, dans sa Requête à Philippe II, un programme si net [1] de l'œuvre polémique qu'accompliront, au cours du XVIIe siècle, contre la monarchie des fleurs de lys, tous les propagandistes comtois anti-français, d'Antoine Brun à François de Lisola — il faut l'entendre, ce Gollut, né en terre impériale, interpeller les Allemands [2], leur crier sa fierté d'être « Gaulois », de parler une langue qui « provient des Celtes anciens » et, glissant de l'histoire linguistique à la militaire, vanter, comme il le dit ailleurs [3], les exploits de « ces deux braves et belliqueuses nations », que personne n'a jamais su battre : les Bourguignons et... les Français ! Quel paradoxe ! Voici un homme pour qui parler français est visiblement l'un des traits caractéristiques de son nationalisme. Et ce nationalisme est anti-français. Voici par ailleurs un pays où l'application des plus habiles à manier et à utiliser adroitement le français se rapporte en partie à des desseins hostiles à la France ! La situation, on l'avouera, est plutôt étrange.

lou pegne in pouchot. — Coise tay, respondoit l'autre ; et ne nou demande ran ; ce et ne tin qu'à l'y baillie des ne filles, y seu contan de l'y en donna pour ma part un sachoutot » (p. 397).

1. GOLLUT, *Mémoires historiques*, réédition de 1846, p. XX : « Que si quelques subjects de la Gaule semblent devoir recevoir commission, il ne serait inconvénient que les Bourgougnons fussent empliés, non seulement pour ce qu'ilz hont la langue de ceux qui sont les plus hardis à escripre contre V. M., mais encore pour ce qu'ils sont... au nombre des loiaux subjects et des mieux affectionnés serviteurs des maisons impériale et roiale d'Austriche et d'Hespagne : je dicts, pour escripre et respondre aux François en l'histoire politique, et aux Huguenots françois en l'histoire de la religion ».

2. Cf. livre I, chap. XXII, p. 56 : « Ne vous souciés pas, Gaulois, si les Allemans crieront icy et diront que bone partie de noz voix sont de leur cru ; respondés que noz Celtes... les hont vaincu, assubjectiz et seigneurié plus de six cens ans avant qu'ilz ne se feissent cognoistre dehors du rivage du Rhin et du Danube », etc.

3. Livre II, chap. I, 90. — *Id.*, p. 94.

*
* *

Récapitulons. Dès le XVIe siècle en Comté, la langue de la politique, de la diplomatie et de l'administration, c'est le français. Le gouverneur du pays correspond en français avec les cours des Pays-Bas et d'Espagne — et inversement. Le Parlement de Dole, de même. La justice parle français. Le droit, la coutume de Franche-Comté, pareillement [1]. Les juristes, même quand ils pourraient faire autrement, rédigent leurs écrits en français avec une particulière application. Bien plus, il y a une Université en Franche-Comté, à Dole : C'est à Dole que, pour la première fois, le droit français a été enseigné — avant même qu'il ne le fût en France [2]. Et Dole, c'est avant tout une « Université pour étrangers ». Si on y vient pas mal, d'Allemagne, d'Angleterre et des Pays-Bas, ce n'est pas parce qu'on espère trouver aux bords du Doubs un foyer particulièrement puissant et actif de haute culture. Dole n'est pas Orléans, ni Bourges, ni Padoue. Mais de même qu'aujourd'hui, nombre d'étrangers vont apprendre le français dans ces villes de la Suisse Romande qui ont l'adresse de faire croire qu'elles parlent « la vraie langue », et sans accent — de même les étrangers, souvent ennemis de la France, fréquentaient volontiers au XVIe siècle un petit centre de culture française sis hors de France, où ils étaient reçus avec bonhomie dans des pays plantureux — et où ils apprenaient à parler français [3]. Le complément des leçons professorales, c'étaient ces conversations quotidiennes des *alumni* de notre mère l'Université avec les jeunes filles de la bourgeoisie locale. On ne les appelait pas encore des marraines. Ce n'étaient que des Valentines. Mais ces

1. Non seulement la coutume proprement dite, mais les *Ordonnances*, que vulgarisent de nombreux recueils imprimés au cours des XVIe et XVIIe siècles. Le livre de chevet des praticiens comtois, la *Pratique* de SAINT-MAURIS (1577) est en français Des ouvrages d'une autre nature, aussi répandus que par exemple le *Discours des Sorciers* de BOGUET, sont rédigés également non en latin, mais en français.

2. Le plus remarquable des professeurs de droit comtois du XVIIe siècle, Cl.-Fr. Talbert, fut, par patentes du roi d'Espagne en date du 4 mars 1653 institué professeur de la leçon quotidienne de coutume à l'Université pour trois ans. Son succès fut tel que la chaire de coutume resta définitivement acquise à l'Université. Or, l'enseignement du droit français en France ne date que de l'édit d'avril 1679.

3. Inversement, les Comtois étant fort soucieux à cette époque de faire apprendre à leurs enfants, non seulement l'italien et à l'occasion l'espagnol, mais l'allemand (Cf. les matricules d'Heidelberg pp. Tœpke) et le « thiois » des Flandres. Acquisitions utiles à de futurs officiers de la monarchie habsbourgeoise.

aimables personnes mériteraient une mention dans l'histoire de M. Brunot [1]. Elles ont bien travaillé, pendant plus d'un siècle, à la diffusion de la langue française...

Voilà pour le XVIe siècle, siècle latinisant. Au XVIIe siècle, naturellement, la situation ne fait que se développer et se confirmer. Et la Comté françise, avec de plus en plus d'ampleur — contre la France assez généralement. Or, une catastrophe attendue se produit. La dernière survivante des deux Bourgognes est « réunie » par le Roi Très Chrétien à son domaine. Qui ne sent l'étrangeté du problème qui se pose pour la Comté?

Sa langue était une des caractéristiques de sa nationalité. J'entends, sa langue écrite, le français : le patois est hors de cause, et l'annexion ne le fera pas revivre [2]. Et j'entends aussi

1. Sur les Valentines doloises, cf. les curieux *Mémoires* du tyrolien Grizkofler traduits et édités par Fick, Genève, 1892, in-8. M. Brunot a parlé utilement de l'Université de Dole dans son livre V (p. 215 et n. 6). Il se réfère à l'excellente notice d'E. Longin, *la Nation flamande à l'Université de Dole*, qui vaut pour le XVIIe siècle La situation était déjà toute pareille au XVIe siècle. Cf. L. Febvre, *Philippe II et la Franche-Comté*, ch. XX, et, pour la période antérieure, quelques indications sur les Érasmiens flamands de Dole en 1530 dans : *Gilbert Cousin et la Réforme en Franche-Comté* (*Bull. Soc. Hist., Protestantisme français*, 1907).

2. Du moins pas plus qu'ailleurs. On s'amusera au XVIIIe siècle, après la conquête française, à écrire en Comté comme dans tant d'autres provinces, à composer quelques « poèmes » en patois. Les deux pièces maîtresses (à adjoindre à la liste que donne M. Brunot) sont, de 1735, *L'arrivée d'une dame en l'autre monde habillée en paniers*, poème satirique en patois de Besançon (Bogillot, s. d., in-8, 16 p.) qui suscita des imitations : un curé de Courroux (Suisse) nommé Ferdinand Raspieler, le traduisit « en patois du Cornat, vallée de Délémont » ; sous cette forme, il a été édité par A. Rossat dans les *Archives Suisses des traditions populaires* (*Schweizer. Arch. f. Volkskunde*, Zürich) de 1903-06. — Et de 1753, *La Jaquemardade, Poème épicomique en dialogue au patois de Besançon*, Dole, J.-B. Tonnet, avec permission. C'est un dialogue en vers patois de huit pieds entre le Jaquemart de la Madeleine de Besançon, qui venait d'être rétabli sur l'église reconstruite, et un savetier son voisin. Mais l'auteur, le conseiller au présidial Bizot, note lui-même que c'en est fait du patois

Lou bè peuple de Besançon
La z'antandan pâla Francet ;

Et Bizot se croit tenu de publier un avertissement au lecteur en tête de son poème, dans lequel il traite... de la façon de prononcer le patois qu'il imprime. Ce document a été réédité récemment, avec tout le poème, dans les *Mémoires de la Société d'Émulation du Doubs*. A la même date exactement (1753), une Comtoise des confins de la Bresse, Marguerite de Maisonforte (Mme Brun) publiait son *Essay d'un Dictionnaire Comtois-français par un vigneron de la rue du Sachot* (Besançon, 1753, in-8, 39 p. ; 2e édit. 1755 ; 3e, 1759) qui atteste plus fortement encore, la prise du français sur la province. Car il ne s'agit pas de patois dans le Dictionnaire de Mme Brun, mais des tournures et des expressions régionales qu'elle condamne au nom du bel usage. Sur les *Noëls comtois* en patois, cf. la bibliographie de Beauquier et une fine étude de Max Buchon en tête de ses *Chants populaires de la Franche-Comté*, Paris, 1878. Sur le *Dictionnaire* de Mme Brun, quelques remarques d'Édouard Droz dans les *Mémoires de la Société d'Émulation du Doubs*, 1919.

sa petite nationalité, autonome et si longtemps anti-française. Or, le français, c'est précisément la langue de sa nationalité nouvelle : la langue de son souverain par droit de conquête, la langue des nouveaux maîtres. Pour que les Comtois fussent amenés à voir dans cette langue une des caractéristiques, un des signes, un des éléments fondamentaux de cette nationalité nouvelle à laquelle, de gré ou de force, ils sont incorporés à la fin du XVIIe siècle, que fallait-il? Évidemment, que la mémoire de la nationalité autonome, de la petite nationalité — disons, pour la commodité et au risque de déplaire aux mânes de M. Brette, de la nationalité provinciale — fût abolie totalement, ou du moins que, dans un grand élan, sous l'action puissante d'un de ces jets de flamme intérieurs qui bouleversent les traditions historiques et les statuts politiques comme le feu de la terre les couches et les assises géologiques, les Comtois fissent passer délibérément au-dessus de leur sentiment provincial relégué dans le passé, un sentiment national nouveau, venant occuper et remplir tout le champ de leur conscience!

Mais à cela, point d'obstacles réels. Ce sentiment national nouveau, il ne devait avoir à lutter contre aucun sentiment de même rang, de même valeur et de même dignité. L'attachement pur et simple à d'antiques survivances n'est pas un sentiment de l'ordre d'un véritable sentiment national. Et ces « provinces » fraîchement « réunies » à la couronne de France, de quelles traditions réellement vivantes pouvaient-elles encore se réclamer? La religion monarchique française, si atteinte déjà dans ses œuvres vives et qui commençait à douter d'elle-même [1], elle ne représente rien, strictement rien pour des Franc-Comtois si longtemps étrangers — et hostiles — aux rois de France. Quant à leur patriotisme provincial, il n'était plus, il ne pouvait plus être qu'une routine. Parce qu'aucune idée vivante ne venait plus l'animer, lui donner corps et force. Patriotisme provincial : dans ces pays comme la Comté du XVIIIe siècle, de quoi un tel sentiment se serait-il nourri? Fidélité vis-à-vis du « seigneur naturel »? Mais le vieux sentiment « bourguignon » qui, si longtemps, avait soutenu les populations riveraines de la Saône et du Doubs dans leur opposition à la grande monarchie de l'Ouest.

1. Sur ce sujet, voir les chapitres terminaux du beau livre de MARC BLOCH : *Les Rois Thaumaturges* (Publications de la Fac. des Lettres de Strasbourg, 1924).

il avait eu beau attester longuement sa force et sa vitalité dans le Duché — M. Hauser l'a montré excellemment — et dans la Comté : j'ai essayé naguère de l'établir ; la fidélité « bourguignonne » était morte et bien morte depuis la fin du XVIe siècle. Morte, parce que plus rien ne lui permettait de vivre — ou de survivre. De Charles-Quint, héritier du Téméraire et du bon duc Philippe, au pauvre Charles II d'Espagne, quel lien réel? quelle tradition véritable?

Un instant, à la fin du XVIe, au début du XVIIe siècle, la Comté avait essayé de se donner pour âme un sentiment religieux très fort et très profond. Elle s'était livrée toute au catholicisme rénové, transformé par les ordres modernes, Jésuites et Capucins pour ne parler que d'eux ; elle s'était ouverte sans réserves à cette religion tridentine si prenante, si expressive, si véhémente même — et elle avait cherché en elle sa véritable raison de vivre. Au XVIIIe siècle? Ces temps d'enthousiasme et de mysticisme étaient loin, de plus en plus loin ; et même dans ce pays croyant — mais qui ne croyait plus en 1720 comme en 1620 — le scepticisme et l'esprit critique faisaient leur œuvre [1]. Alors?

***

C'est là le destin tragique de tous ces petits pays qui s'attardent pour ainsi dire dans une autonomie précaire, plus apparente que réelle. Leurs privilèges? Bon pour les juristes attachés à la lettre, de s'en exagérer la valeur et de les mesurer à l'aune des vieux parchemins lourdement scellés qu'ils compulsent avec orgueil dans les chartriers poussiéreux [2]. Les peuples s'en désintéressent. Il n'y a pas, dans ces chartes mortes, de quoi alimenter une foi nationale. Partout les sentiments « provinciaux » agoni-

1. Il n'y a pas à tenir compte non plus de l'esprit de guerre, de la résistance prolongée des Comtois du fait de la conquête. Les irréductibles étant sortis du pays, ceux qui restèrent se rallièrent assez vite à leurs nouveaux souverains. Légende, l'histoire des Comtois se faisant enterrer « la face contre terre », pour ne pas voir leurs maîtres abhorrés, légende et littérature. En une génération, tout fut fini. De 1720 à 1789, pas trace de sentiments antifrançais agissants dans la province.

2. J'ai bien peur qu'après ces juristes, beaucoup d'historiens ne s'exagèrent la valeur de ces « privilèges », je veux dire leur importance réelle dans les consciences aux environs de 1789. Il ne faut pas confondre ce qui se passe dans des plans différents : celui du droit public et des intérêts et celui de la conscience et des sentiments.

saient, parce qu'ils n'étaient plus vivifiés par des idées, par des croyances véritablement vivantes. Et là où, sur les ruines déjà anciennes d'un certain nombre de ces sentiments provinciaux démantelés, un sentiment national plus large s'était développé : ce sentiment, lui aussi, se desséchait progressivement et pour ainsi dire se flétrissait. La religion monarchique, solidaire de la religion chrétienne, souffrait de plus en plus des attaques et des progrès du rationalisme critique. Et des clameurs de triomphe accueillaient, célébraient avec une sorte de joie désespérée et sauvage, aux alentours de 1760, toutes les défaites de Louis XV, toutes les humiliations et les déceptions — de la France? Sans doute. Mais ce n'était pas « la France » qu'on l'appelait ; c'était le « despotisme »...

Ici et là, les voies étaient libres. Le sol était débarrassé, pour une construction nouvelle et désirée. Sur les ruines d'une religion monarchique qui s'effondrait d'elle-même ; sur les ruines de sentiments provinciaux qui n'étaient plus que des survivances desséchées ou des conceptions arbitraires de robins, que surgisse enfin la Nation, telle que les hommes de la fin du XVIIIe siècle la définiront, non par le territoire mais par la totalité des citoyens, siège du pouvoir souverain [1] — et ce sera l'immense enthousiasme qui, à distance, nous surprend encore, d'un peuple avide de croyance collective et qui retrouvera, qui reconquerra une foi jeune et ardente : une raison de vivre.

A ce moment et à partir de ce moment, oui : il y aura lieu sans doute d'envisager un problème unique des rapports de la langue et de la nationalité en France. Au XVIIIe siècle, non pas. C'est dix, c'est vingt problèmes de rapports qui se posent : ceux de l'usage linguistique et des patriotismes provinciaux dans l'ancienne France. Et on mesure, sur ce terrain comme sur d'autres, l'importance vraiment fondamentale et l'ampleur du travail

1. Même dans des livres de propagande élémentaire, cette distinction apparaît. Voici par exemple l'*Almanach du père Gérard pour l'année 1792, ouvrage qui a remporté le prix proposé par la Société des Amis de la Constitution, séante aux Jacobins à Paris*, par J.-M. COLLOT D'HERBOIS (Besançon, Simard, 1792) : à la fin du premier entretien un paysan interroge le père Gérard : « Qu'est-ce que la NATION? C'est tout ce pays-ci, n'est-ce pas? » A quoi le père Gérard répond aussitôt : « *C'est bien davantage* ». Et dans le second entretien, il s'explique ainsi : « La NATION est la totalité des citoyens, c'est dans cette totalité que réside le pouvoir souverain. De ce pouvoir là découlent tous les autres par le moyen des différentes élections, et nul pouvoir ne peut être légitime s'il n'est pas conféré par la Nation ». Passage intéressant d'une notion territoriale à une notion socio-juridique.

de simplification et de transformation qui fut celui des hommes de 89, de 91 et de 93.

Mais n'anticipons pas sur ce qui sera le sujet des prochains volumes de M. Brunot. Nous les attendons avec une curiosité et une impatience que justifient amplement ces tomes V et VII de sa grande œuvre, si vraiment neufs, si hautement intéressants pour l'historien. C'est comme un magnifique commentaire perpétuel des grandes pages de notre histoire nationale que M. Brunot écrit, avec une maîtrise et, en même temps, une prudence, une réserve, une finesse critique singulières. C'est bien plus. Le faisceau de lumière qu'établi solidement sur ses positions à lui, il dirige sur tout l'ensemble d'un passé que nous croyons parfois connaître dans ses grandes lignes, mais qu'en réalité nous ignorons encore profondément, est si révélateur parfois ; il éclaire des trous d'ombre si profonds, il revêt des paysages familiers d'un éclat si imprévu, que nous nous arrêtons brusquement surpris, un peu déconcertés : « Allons, voilà qui est à reprendre, voilà qui est à bâtir entièrement, voilà qui est à changer de fond en comble »... Que de bienfaits, et quel progrès dans cette collaboration vivante et intime de deux disciplines si bien faites pour se féconder l'une l'autre. Mais ce n'est peut-être pas l'histoire tout court qui gagne le moins à ce renouvellement, à cet élargissement si ingénieux, et si puissant, de l'histoire linguistique.

LUCIEN FEBVRE.

VIE SPIRITUELLE ET POLITIQUE SOUS LOUIS XVI[1]

De tout temps l'homme ne peut s'empêcher de transformer en action la pensée qui vient de surgir de l'action. Il reçoit sans effort les connaissances qui lui viennent du monde comme les membres d'une expérience qui met l'homme en mesure de résister à toutes les forces de mort et de défendre la vie. Mais il le fait d'instinct. Dès qu'il se met en tête de démembrer, d'analyser les mouvements qui le portent à rechercher et à fuir, il voit s'échapper toute assurance. Il tâtonne au milieu des vérités de détail, impuissant à refaire l'unité perdue. Et il ne lui est plus possible que de formuler l'espoir de voir un jour les sociétés humaines se régler sur l'ordre du monde.

Pendant des siècles, la diversité des modes de vie impose aux hommes vivant sur un coin de terre des vertus assez différentes pour que l'Europe voie les peuples, alliés depuis des siècles au point de perdre le rythme propre de leur sang, se scinder en villes et campagnes, noblesse de robe, noblesse d'épée et clergé. Ce sont là autant de puissances qui aspirent à manifester leur pouvoir. Elles sont contenues tant que la Monarchie détentrice du pouvoir les coordonne. Cessent-elles d'être dominées, elles se séparent et aspirent à une anarchie. De tout temps, il est des esprits se refusant à accepter que le privilège de la connaissance et de l'action soit le prix de conquêtes transmises à des descendants. Les œuvres d'art, les métiers, les manuscrits anciens venus d'Orient ont révélé aux occidentaux confiants dans l'ingéniosité humaine le symbolisme des formes dont s'enveloppe la sagesse

1. Un travail d'ensemble sur la fin du XVIIIe siècle donnera prochainement toutes les précisions et références bibliographiques que comporte cette étude.

des Arabes, des Juifs, des Grecs et des Persans. Au milieu des disputes de l'Église, les révélations se sont multipliées, si brusques que la vie spirituelle a cessé de faire corps avec la Cour de Rome. Religieux, philosophes, savants, artistes s'efforcent de recommencer l'œuvre des livres sacrés.

Effrayés des profondeurs où peut atteindre l'expérience humaine, ils répugnent à en dévoiler toutes les démarches et tous les résultats. Ils se présentent comme aptes à cultiver un ordre de vérité ; ils taisent leur religion et ne justifient pas leur politique. Ordres religieux, astronomes, physiciens, métaphysiciens et médecins se rencontrent pour cacher les mystères de la vie et de la mort. A la jeunesse qui, chaque printemps, affirme sa foi dans la vie, ils répondent le plus souvent par le mensonge qu'une science prématurée ou mûrie de la mort leur confère. Dissolvant à force d'analyse les forces de la vie que la sympathie naissant à la vue de la beauté permet de suivre, ils en arrivent à une sorte d'ataraxie. Elle ne fait que donner une forme à leur compassion pour la souffrance comme pour l'inégalité sociale. Incapables de la sérénité ionienne, ils pensent que l'idéal de la vie est le bonheur du plus grand nombre d'hommes, qu'il peut être atteint par la paix, la modération des désirs, la proscription du luxe, l'épargne, le moindre effort, la répression des inégalités, la mise en valeur de toutes les ressources du globe, la mise du travail individuel à la disposition de l'État. Et, niant que le monde soit traversé sans cesse par des rythmes périodiques, ils le vouent à une compensation des efforts qui l'achemine peu à peu vers l'inertie.

Soumis à leur insu à une direction secrète, religieux et laïques, unis de pays à pays, croient exercer une action occulte qui traverse les desseins des cours et la trame des chancelleries. Forts d'une expérience intime, ils pensent réformer le pouvoir au nom de la vérité et de la justice et tendre au loin l'empire de leur esprit. Et l'Ordre des Jésuites, détenant par droit de confession, la pensée secrète du Roi, parviendrait à maintenir dans l'ombre l'action des penseurs libres, si les pertes en richesses et en hommes éprouvées par les peuples continentaux ne secondaient l'action de la mystique portugaise et n'assuraient la prépondérance aux peuples maritimes détenteurs de l'or et de l'idée. Dès la Régence, les beaux esprits reçoivent d'Angleterre leur doctrine et leur organisation en loges destinées à incorporer les ouvriers et les ouvriers de l'intelligence. Ils professent que « l'homme libre est égal au roi et à tout homme, lorsqu'il est vertueux. » Ils admettent le Parlementarisme et le suffrage universel au sein de leurs tribunaux. Des nobles rêvant d'une revanche contre la maison de Bourbon se joignent à eux. Ils travaillent l'armée et l'opinion publique. C'est un discours du Grand Maître de la Loge de France du 24 juin 1740, le Duc d'Autun, qui lance l'ordre de travailler à une encyclopédie imitée du dictionnaire de Chambers inspiré lui-même du dictionnaire de Thomas Corneille. L'accession à la Papauté du Patriarche et Cardinal de Venise, Razzonico, sous le nom de Clément VII, entraîne, dans l'espace de six ans, la destruction de l'Ordre des Jésuites. A Lyon se réunissent autour d'un Portugais d'origine grecque, Martinez Pasqualis, des esprits étrangers aux combinaisons politiques qui suivent le jeu des fluctuations, et fidèles à des traditions gallo-romaines partagées par l'Allemagne et l'Italie. En 1774, au moment où la mort de Louis XV livre le trône à un Bourbon incapable de diriger comme son prédécesseur les relations extérieures, un membre de la maison d'Orléans, le Duc de Chartres, nommé Grand Maître de la Loge de France, se voit à la tête de groupements à forme parlementaire, détenteurs du pouvoir occulte.

La politique du Royaume dont dépendra la Monarchie française tiendrait alors dans la lutte des pouvoirs occultes et des pouvoirs reconnus, si la vie spirituelle n'empruntait, pour s'exprimer, mille formes à la fois. En dépit d'une science plus sûre et plus hautaine du monde sachant l'alternance de la guerre et de la paix avec autant de certitude que l'alternance du soleil et de la lune, au point de placer son bien dans l'intensité de vivre, les « philosophes » se récrient contre la grandeur française au nom de l'humanité. Ils dénoncent toutes les souffrances et ils reconnaissent que « tandis que la France était occupée aux guerres de 1733, 1741, 1757, il n'y eut tout au plus que la centième partie de ses habitants qui en partage le danger. » Ils dénoncent le souvenir des colonies déchiré de coups de fouets et de cris d'esclaves et ils admettent les folies, les petites maisons, les convois qui emportent vers la Louisiane Manon Lescaut. Ils dénoncent les privilèges des nobles, suzerains de leurs terres et ils taisent les licences prises par les étudiants des Facultés.

www.ingramcontent.com/pod-product-compliance
Ingram Content Group UK Ltd.
Pitfield, Milton Keynes, MK11 3LW, UK
UKHW050920270726
13994UKWH00011B/2456